Die Buddha Bowl Bibel

Schmackhafte Ideen für gesunde und leichte Kost

1. Auflage

ISBN-13: 9781983271762

Inhaltsverzeichnis

Einleitung

Hatten Sie schon einmal eine Mahlzeit vor sich stehen, deren Farben Sie überwältigten? Kennen Sie Zubereitungen, die gleichzeitig dekorativ, nahrhaft, gesund und lecker sind? Eine Schüssel – zu englisch Bowl – gefüllt mit allen denkbaren, herrlichen Lebensmitteln stellt den Mittelpunkt aller Bowl-Rezepte dar. Bei sämtlichen Rezepten in diesem Buch handelt es sich um Gerichte, die in einer Schüssel angerichtet die gesamte Mahlzeit darstellen. Alles ist in mundgerechte Stücke geschnitten, sodass Sie lediglich Ihre gefüllte Schale und – je nach Mahlzeit –Gabel oder Löffel benötigen. Oft werden die Schüsseln Buddha Bowls genannt. Dies rührt aus der Anhäufung des Essens in der Schüssel her, die an den dicken Bauch des Buddha erinnert. Wer jetzt beunruhigt ist, darf getrost wissen, dass niemand von der Buddha Bowl einen solch dicken Bauch wie Buddha selbst bekommt. Denn die Bowl Gerichte sind für ihre ausgewogenen und nährstoffreichen Zutaten bekannt, die bestens mit einer gesunden und vitalstoffreichen Ernährung vereinbar sind. Oft wird eine Unterlage aus grünem Blattgemüse, Reis oder einem anderen kohlenhydratreichen Träger bereitet. Darauf finden rohe, wie gekochte Zutaten, Saucen und vieles mehr ihren Platz. Die Tradition der Ein-Schüssel-Gerichte stammt aus Asien, wo die Bowls seit Generationen zubereitet werden. Zum Trend wurden sie allerdings in den USA und mittlerweile sind sie bis Europa verbreitet und immer öfter auch in Restaurants auf der Karte zu finden.

Genial an dieser Zubereitungsweise sind die schier unendlichen Möglichkeiten. Die einzelnen Komponenten können beliebig kombiniert und gemeinsam in der Schale angerichtet werden. Warum sollte ein Filet immer vom flachen Teller gegessen werden? Weshalb werden Smoothies stets aus Gläsern getrunken? Beides ist in der Schüssel möglich. Das Filet wird zu diesem Zweck im Vorhinein geschnitten, während der Smoothie etwas dicker zubereitet und anschließend aus der Schale gelöffelt wird. Es erfordert lediglich etwas Kreativität über die Rezeptvorschläge in diesem Buch hinaus jede beliebige Mahlzeit zu einer Bowl umzugestalten. Im diesem Sinne ist dieses Kochbuch ein Anstoß sich auf eine neue Art des Essens einzulassen. Denn bei Bowl Food geht es nicht in erster Linie um eine neue Ernährungsweise, sondern um eine neue Art der Zubereitung, die neben Magen und Geschmacksknospen im großen Maß das Auge erfreut.

Selbst Reste vom Vortag werden mithilfe der Bowls noch einmal attraktiv und geschmackvoll angerichtet. Das Einzige, das in keiner Food-Bowl jemals zu finden sein sollte, ist industriell verarbeitete Nahrung. Sie steht der Lebensfreude und der aufhellenden Wirkung der natürlichen Bowl-Nahrung entgegen und wird deshalb nicht in diesem Buch zu finden sein. Stattdessen ist eine Orientierung an den Grundsätzen des sogenannten Clean Eating empfehlenswert. Dabei handelt es sich um ein Prinzip, welches frische, naturbelassene Nahrungsmittel jenen, die stark industriell verarbeitet wurden, vorzieht und dazu animiert Saucen und andere oft fertig gekaufte Produkte selbst herzustellen. Aus diesem Grund enthalten die in diesem Buch vorkommenden Rezepte immer wieder kleine Anleitungen zur Herstellung einzelner Produkte, die es auch fertig zu kaufen gäbe. Durch das eigenständige Herstellen spart man allerdings einiges an Konservierungsmitteln, Aromen, Farbstoffen und dergleichen mehr ein und öffnet auf diese Weise weitere Türen auf dem Weg zu mehr Lebensfreude und Vitalität.

Inhaltliche Einschränkungen der Food Bowls gibt es neben den Prinzipien des Clean Eating keine. Aus diesem Grund entstanden im Laufe der Zeit immer mehr Ausdrücke, die versuchen, die Bowls näher zu beschreiben. Eine vegane Food Bowl kann auch Vegan Bowl genannt werden, während es sich bei einer vegetarischen Variante um eine Veggie Bowl handelt. Die Buddha Bowl wurde bereits erklärt und zeichnet sich durch Ihre enorme Fülle aus. Die Super(food) Bowl enthält besonders viele Nährstoffe und die Rainbow Bowl ist über alle Maßen farbenfroh und optisch mit keiner anderen Schale zu vergleichen. Die Smoothie Bowl sagt bereits spezifisch etwas über den Inhalt der Mahlzeit aus und eine Easy Bowl ist schnell und einfach zubereitet. Bei all diesen Bezeichnungen handelt es sich um Untergruppen der Food Bowls, derer womöglich auch mehrere auf eine bestimmte Schale anwendbar sind.

Je nach Lebenslage und Bedarf ist es möglich das Bowl Food so anzupassen, dass damit Gewicht verloren, aber auch zugelegt werden kann. So halten die vorportionierten Schalen von zu großer Nährstoffaufnahme ab, während die vitalstoffreichen Zutaten helfen ein gesundes Gewicht zu erreichen. Lassen Sie sich von diesem Kochbuch inspirieren, Ihre persönlichen Bowl Gerichte an Ihre Bedürfnisse und Vorlieben anzupassen. Viel Spaß!

Frühstück Bowls

Chia-Waldbeeren-Bowl

Dauer: 45 Minuten + 5 Minuten | Portionen: 2 Bowls

Zutaten:

- 150 g Mandeln
- 350 ml Wasser
- Zimt, Kardamom, Anis
- 1 Kokosnuss
- 125 g Himbeeren
- ½ Vanilleschote
- 4 EL Chia-Samen
- 125 g Brombeeren oder Heidelbeeren

Zubereitung:

1. Mandeln in der Früh bei Raumtemperatur einweichen.
2. Am Abend abseihen, unter fließendem Wasser abspülen und 100 g davon fein mixen.
3. Mandelmus mit 350 ml Wasser aufgießen, mit Zimt, Kardamom und Anis würzen und erneut durchmixen. Mandelmilch durch ein Tuch sieben. Himbeeren waschen.
4. Vanilleschote der Länge nach halbieren und das Mark herauskratzen. Himbeeren, Vanillemark und Mandelmilch in einem verschließbaren Gefäß pürieren.
5. Chia-Samen untermischen. Kokosnuss öffnen und mit einem Gemüseschäler das Fruchtfleisch herunterhobeln. Kokoschips und die restlichen Mandeln auf einem Backblech verteilen, mit etwas Zimt bestreuen und bei niedriger Temperatur im Backofen trocknen.
6. Die Kokoschips sind fertig, wenn sie leicht braun sind. Chia-Pudding erneut durchrühren. Gefäß schließen und über Nacht in den Kühlschrank stellen. Dadurch quellen die Chia-Samen.
7. Am nächsten Tag die restlichen Beeren waschen. Gedarrte Mandeln hacken. Chia-Pudding in die Schalen füllen. Beeren, Kokoschips und Mandeln darüber streuen.

Platz für Ihre Notizen

Couscous-Apfel Bowl

Dauer: 10 Minuten + 40 Minuten | Portionen: 2 Bowls

Zutaten:

- 50 g Cranberrys
- 50 g Haselnüsse
- 2 Äpfel
- 2 TL Zitronensaft
- ¼ Zimtstange
- Honig
- 50 ml Apfelsaft
- 1 Möhre
- 1 TL Mandelöl
- 125 g Couscous
- Salz
- 50 g Weintrauben
- 1 TL Butter
- 1 TL Zimt

Zubereitung:

1. Cranberrys blanchieren, abtrocknen und bei 60° im Backofen trocknen. Haselnüsse einweichen.
2. Am nächsten Tag Äpfel schälen, entkernen und klein würfeln. Mit Zimtstange, 1 TL Zitronensaft, 1 EL Honig und Apfelsaft in einem Topf erhitzen. Zugedeckt bei schwacher Hitze 20 – 25 Minuten garen.
3. Haselnüsse abseihen und ohne Fett bei niedriger Temperatur rösten. Möhre schälen und grob raspeln.
4. Cranberrys hacken und mit geraspelter Möhre, 1 TL Zitronensaft, Mandelöl und 1 TL Honig verrühren. Zimtstange aus dem Kompott nehmen.
5. Couscous mit 125 ml kochendem Salzwasser übergießen und ungefähr 5 Minuten quellen lassen.
6. Weintrauben waschen. Butter unter den Couscous rühren und erneut 5 Minuten quellen lassen.
7. Weintrauben halbieren und Haselnüsse hacken. Couscous in Schalen verteilen. Apfelkompott, Möhrensalat und Weintrauben darauf anrichten. Haselnüsse darüber streuen.

Platz für Ihre Notizen

Kakao Bowl mit Kokos

Dauer: 2 Minuten + 45 Minuten | Portionen: 2 Bowls

Zutaten:

- Walnüsse
- 75 g Quinoa
- Kokosnuss
- 150 ml Wasser
- 1 Apfel
- 150 ml Kokosmilch
- 2 TL Honig
- 2 EL Leinsamen
- 1 EL Kakao
- Salz

Zubereitung:

1. Walnüsse über Nacht einweichen und kalt stellen.
2. Am nächsten Tag Quinoa für eine halbe Stunde einweichen. Walnüsse abspülen und abtropfen lassen.
3. Kokosnuss öffnen. Fruchtfleisch raspeln und gemeinsam mit Walnüssen im Backofen bei niedriger Hitze trocknen.
4. Quinoa abspülen und mit Wasser aufkochen. Hitze reduzieren und köcheln lassen.
5. Apfel waschen, halbieren, entkernen und in Scheiben schneiden. Kokosmilch, Honig, Leinsamen, Kakao und Salz dem Quinoa hinzufügen und gut durchrühren.
6. Walnüsse hacken. Masse in Schüsseln verteilen und mit Walnüssen, Kokosraspeln und Apfelscheiben garnieren.

Platz für Ihre Notizen

Himbeer-Mandel Bowl mit selbstgemachtem Granola

Dauer: 5 Minuten + 20 Minuten + 15 Minuten | Portionen: 2 Bowls

Zutaten:

- 1 EL Mandeln
- 100 g Kürbiskerne
- 1 Prise Sesam
- 25 g Kokosöl
- 1 TL Salz
- Zimt, Vanille, Rosmarin, Thymian
- 75 g gehackte Mandeln
- 350 g Honig
- 1 getrocknete Banane
- 100 g getrocknete Himbeeren
- 1 getrockneter Apfel
- 1 frische Banane
- 200 g Himbeeren
- 130 ml Milch
- 1 TL Mandelmus
- ½ frischer Apfel
- 30 g Chia-Samen

Zubereitung:

1. Mandeln, Kürbiskerne und Sesam einweichen.
2. Am nächsten Tag Backofen auf 190 °C vorheizen. Kokosöl aus dem Kühlschrank nehmen. Nüsse und Kerne abspülen und Kürbiskerne und Mandeln mit Salz, Zimt, Vanille, Rosmarin und Thymian mischen. Honig und Kokosöl hinzufügen. Gut verrühren.
3. Backblech mit Backpapier auslegen. Masse darauf verteilen und 20 Minuten backen. Abkühlen lassen, mit Trockenfrüchten verrühren und in einen verschließbaren Behälter füllen.
4. Banane und den Großteil der Himbeeren mit Milch, Mandelmus und etwas Honig pürieren. Apfel waschen, entkernen und in dünne Scheiben schneiden.
5. Smoothie in Schüsseln füllen. Mit Apfelscheiben, gehackten Mandeln, restlichen Himbeeren, Chia-Samen, Kürbiskerne, Sesam und einem TL selbstgemachtem Granola garnieren.

Platz für Ihre Notizen

Früchte-Joghurt Bowl

Dauer: 2 Minuten + 15 Minuten | Portionen: 2 Bowls

Zutaten:

- 1 EL Chia-Samen
- 200 g Joghurt
- 1 Mango
- 1 Banane
- 100 g Erdbeeren
- 100 g Heidelbeeren
- 1 Kiwi
- 2 EL Zitronensaft
- Honig
- Kokosraspeln
- 1 EL Kürbiskerne
- Minzeblätter

Zubereitung:

1. Kürbiskerne bei Raumtemperatur einweichen.
2. Am nächsten Tag Kürbiskerne abspülen und abtropfen lassen. Chia-Samen mit Joghurt verrühren.
3. Mango entsteinen und schneiden. Beeren waschen. Banane und Kiwi von der Schale lösen und in Scheiben schneiden.
4. Zitrone auspressen und den Saft mit den Früchten verrühren. Diese anschließend auf die Schüsseln aufteilen.
5. Joghurt über die Früchte gießen und mit etwas Honig garnieren. Kürbiskerne und Kokosraspeln über die Bowls streuen und mit Minzeblättern verzieren.

Platz für Ihre Notizen

Gelbe Frühstücks-Bowl

Dauer: 2 Minuten + mind. 60 Minuten | Portionen: 1 Bowl

Zutaten:

- Cashewkerne
- 1 Banane
- 1 Orange
- 1 Mango
- ½ Papaya
- 1 TL Vanille
- 1 EL selbstgemachtes Granola
- 1 EL Kokosflocken

Zubereitung:

1. Chashewkerne einweichen.
2. Am nächsten Tag abspülen und im Backofen bei niedriger Hitze trocknen.
3. Sind die trockenen Kerne ausgekühlt, diese in den Mixer oder die Küchenmaschine geben. Mixen bis erste Klumpen sichtbar werden. Etwas ruhen lassen und erneut mixen. Darauf achten, dass das Gerät nicht überhitzt und immer wieder eine Pause einlegen. Nach einiger Zeit ist das Chashewmus cremig. In ein sterilisiertes Schraubglas füllen.
4. Banane schälen und in Stücke brechen. Orange in die Hälfte schneiden und auspressen. Mango schälen, entsteinen, einen kleinen Teil auf die Seite legen. Restliche Mango grob zerkleinern. Papaya schälen und grob schneiden. Alles gemeinsam mit 2 EL Cashewmus und Vanille pürieren.
5. Restliche Mango in Würfeln schneiden. Püree in eine Schale füllen und mit Mango, Granola und Kokosflocken verzieren.

Platz für Ihre Notizen

Pikante Frühstücks-Bowl

Dauer: 25 Minuten | Portionen: 2 Bowls

Zutaten:

- 1 Gurke
- 8 Radieschen
- 1 Avocado
- Salat
- Basilikum
- Haselnusskerne
- 1 Knoblauchzehe
- ½ Zitrone
- Olivenöl
- 4 Scheiben Brot
- Kokosöl

Zubereitung:

1. Haselnusskerne einweichen.
2. Am nächsten Tag abspülen und abtropfen lassen. Gurke und Radieschen waschen, putzen und in Scheiben schneiden.
3. Avocado schälen, entsteinen und in Scheiben schneiden. Walnüsse abspülen und abtropfen lassen.
4. Salat und Basilikum waschen. Knoblauchzehe schälen. Zitrone auspressen. Basilikum, Knoblauch, Zitronensaft und Haselnüsse mit Olivenöl mixen. Brot würfeln und in Kokosöl anbraten.
5. Salat in den Schüsseln anrichten. Gurken- und Radieschenscheiben und Avocado darauflegen. Brotwürfel beifügen und mit Pesto garnieren.
6. Walnüsse hacken. Masse in Schüsseln verteilen und mit Walnüssen, Kokosraspeln und Apfelscheiben garnieren.

Platz für Ihre Notizen

Sonnen-Frühstücks-Bowl

Dauer: 5 Minuten + 20 Minuten | Portionen: 2 Bowls

Zutaten:

- ½ Tasse Hirse
- 250 ml selbstgemachte Mandelmilch
- 1 TL Kurkuma
- ¼ TL Ingwerpulver
- ¼ TL Zimt
- Ahornsirup
- 1 Blutorange
- 2 Kiwis
- Mandeln

Zubereitung:

1. Mandeln und Hirse einweichen.
2. Am nächsten Tag beides abspülen und Mandeln abtropfen lassen.
3. Mandelmilch aufkochen.
4. Hirse, Kukuma, Ingwerpulver, Ahornsirup und Zimt unterrühren.
5. 10 Minuten köcheln lassen. Vom Herd nehmen und 10 Minuten ziehen lassen.
6. Blutorange in Scheiben schneiden und Schale entfernen. Kiwi schälen und klein schneiden.
7. Hirsebrei in Schalen füllen. Blutorange in einer Linie quer über den Brei legen. Auf der einen Seite der Linie mit Kiwis verzieren und die andere Hälfte der Bowl mit Mandeln garnieren.

Platz für Ihre Notizen

Kokos-Nuss-Quinoa Bowl

Dauer: 10 Minuten + 5 Minuten + 45 Minuten | Portionen: 4 Bowls

Zutaten:

- 500 ml Kokos-Mandelmilch
- 250 g Quinoa
- 1 Zimtstange
- 5 Nelken
- 4 Kardamomkapseln
- Vanille
- 250 ml selbstgemachtes Joguhrt
- 1 Hand voll Walnüsse
- 4 EL Kirschkompott
- Kapuzinerkresse, Tagetes, Lavendel, Basilikum, Petersilie, Ringelblumen, Veilchen

Zubereitung:

1. Blüten in kleine Sträuße binden und mit dem Blütenkopf nach unten an einem trockenen Ort aufhängen.
2. Quinoa und Walnüsse einweichen.
3. Am nächsten Tag abspülen und Walnüsse abtropfen lassen. Kokos-Mandelmilch, Zimtstange, Nelken, Kardamomkapseln und Vanille aufkochen.
4. Quinoa beifügen und Hitze reduzieren. Getrocknete Blüten vom Stiel bröseln.
5. Nach 15 Minuten Quinoa abseihen und in die Schüsseln füllen. Joghurt darauf anrichten. Mit Nüssen, Kirschkompott und Blüten garnieren.

Platz für Ihre Notizen

Beeren-Chia-Pudding Bowl

Dauer: 30 Minuten + 10 Minuten | Portionen: 1 Bowl

Zutaten:

- 2 EL Chia Samen
- Kokosnuss
- Wasser
- 1 Messerspitze Vanille
- 2 EL Beeren
- 1 TL Zimt

Zubereitung:

1. Kokosnuss öffnen und das Fruchtfleisch herauslösen und raspeln. Pro 200 g Fruchtfleisch werden 1 L warmes Wasser benötigt. Die beiden Komponenten mixen, abkühlen lassen und anschließend durch ein Tuch abseihen.
2. Chia-Samen in mit Vanille verfeinerter Kokosmilch ansetzen.
3. Alle zehn Minuten umrühren.
4. Am nächsten Tag die Beeren waschen und erwärmen. Mit Zimt würzen und immer wieder umrühren.
5. Chia-Pudding in die Schale füllen.
6. Sind die Beeren erwärmt, den Chia-Pudding damit garnieren.

Platz für Ihre Notizen

Easy Bowls

Gelbe Gemüse Bowl

Dauer: 60 Minuten | Portionen: 4 Bowls

Zutaten:

- 10 Mangoldblätter
- 2 Hände voll Feldsalat
- 1 Zwiebel
- 1 Blumenkohl
- 1 Granatapfel
- 1 kleiner Kürbis
- 10 Kartoffeln
- 2 Knoblauchzehen
- Kokosöl
- Chiliflocken
- Rosmarin-, Oregano-, und Thymianzweige
- Salz, Pfeffer, Muskat
- Kurkuma
- Olivenöl
- Balsamico-Essig

Zubereitung:

1. Backrohr auf 180 °C vorheizen. Mangold und Feldsalat waschen. Zwiebel fein hacken. Blumenkohl waschen und in kleine Röschen teilen. Granatapfel entkernen.
2. Kürbis gegebenenfalls schälen, entkernen und in Scheiben schneiden. Kartoffeln ebenfalls in Scheiben schneiden. Knoblauch schälen und mit. Kürbis und Kartoffeln auf einem Backblech verteilen. Kokosöl, Chiliflocken und Kräuterzweige darüber verteilen. Salzen, pfeffern und für 20 – 30 Minuten backen.
3. Blumenkohl dämpfen. Gehackten Zwiebel mit Mangold in Kokosöl anschwitzen und mit Muskat abschmecken.
4. Etwas Kurkuma in Kokosöl erwärmen und anschließend den Blumenkohl darin wälzen. Mit Pfeffer abschmecken.
5. Drei Esslöffel Olivenöl mit einem Esslöffel Balsamico-Essig vermengen und mit wenig Pfeffer würzen.
6. Die Schüsseln mit Mangold auslegen. Mit weichem Ofengemüse, Blumenkohl und Feldsalat jeweils ein Drittel der Schale ausfüllen. Balsamico-Dressing zum Salat gießen. Zum Schluss die Bowl mit Granatapfelkernen garnieren.

Platz für Ihre Notizen

Süßkartoffel Bowl mit Kichererbsen

Dauer: 5 Minuten + 60 Minuten | Portionen: 2 Bowls

Zutaten:

- 400 g Kichererbsen
- 50 g Mandeln
- 2 EL Sesamkörner
- 100 g Quinoa
- 1 Süßkartoffel
- Butterschmalz
- ½ TL Chilipulver
- ½ TL Zimt
- Salz, Pfeffer
- 150 g Grünkohl
- 1 Limette
- Olivenöl
- 1 EL Ahornsirup
- 1 EL Sojasauce

Zubereitung:

1. Kichererbsen, Mandeln und Sesamkörner einweichen.
2. Am nächsten Tag Backofen auf 200 ° vorheizen. Hülsenfrüchte und Saaten unter fließendem Wasser abspülen und Kichererbsen in frischem Wasser kochen.
3. Quinoa einweichen. Süßkartoffel schälen und würfeln. Mit Butterschmalz, Chilipulver, Zimt, Salz und Pfeffer auf einem Backblech verteilen und 30 Minuten backen.
4. Grünkohl waschen. Quinoa kochen. Kohl einige Minuten in köchelndem Salzwasser garen.
5. Mandeln und Sesamkörner mahlen und Limette auspressen. Mit Olivenöl, Ahornsirup, Sojasauce und einer Prise Salz zu einem Dressing vermengen.
6. Abschmecken, die einzelnen Komponenten in einer Schüssel anrichten und das Dressing darüber gießen.

Platz für Ihre Notizen

Grüne Reis Salsa Bowl

Dauer: 5 Minuten + 45 Minuten | Portionen: 4 Bowls

Zutaten:

- 50 g Reis
- 1 Knoblauchzehe
- 2 Hand voll Basilikumblätter
- 1 Hand voll Petersilienblätter
- 20 g Kapern
- 2 EL Zitronensaft
- 100 ml Olivenöl
- Salz
- 180 g Mozzarella
- 200 g Mangold
- 1 Avocado
- 4 Kopfsalatblätter
- Butterschmalz
- Pfeffer

Zubereitung:

1. Reis am Vortag einweichen.
2. Am nächsten Tag Reis unter fließendem Wasser abspülen und anschließend in Salzwasser kochen. Knoblauch schälen und hacken. Je eine Hand voll von den Kräutern hacken. Kapern abtropfen lassen.
3. Zitrone auspressen. 1 EL Saft mit Kräutern, Knoblauch, Kapern und 100 ml Öl pürieren und salzen.
4. Mozzarella abtropfen lassen, in Scheiben schneiden und in 2 EL grüner Salsa wälzen. Mangold waschen und Blätter sowie Stiele in Streifen schneiden.
5. Avocado halbieren, entsteinen und Fruchtfleisch aus der Schale lösen. In Scheiben schneiden und mit übrigem Zitronensaft beträufeln.
6. Kopfsalat in Scheiben schneiden. Mangoldstiele in Butterschmalz anbraten. Nach einer Minute die Blätter dazugeben und mitbraten, salzen und pfeffern.
7. Die Schalen mit Reis befüllen. Mozzarella, Mangold, Salat, Avocado und Salsa Verde darauf anrichten. Mit restlichen Basilikumblättern garnieren.

Platz für Ihre Notizen

Kurkuma-Süßkartoffel Bowl

Dauer: 10 Minuten + 40 Minuten | Portionen: 4 Bowls

Zutaten:

- 500 ml Knochenbrühe
- 50 g Pistazien
- 120 g Wildreis
- 2 Süßkartoffeln
- Butterschmalz
- 2 Knoblauchzehen
- 2 TL Kurkuma
- 4 Petersilienzweige
- 60 ml Zitronensaft
- 80 ml Olivenöl
- 1 EL Ahornsirup
- Salz
- 4 Eier
- 4 Hände voll Babyspinat

Zubereitung:

1. Knochenbrühe aufsetzen. Pistazien öffnen und einweichen. Reis ebenfalls einweichen.
2. Am nächsten Tag Knochenbrühe erneut erwärmen. Süßkartoffeln waschen, schälen und würfeln. Reis abspülen und kochen. Süßkartoffeln in einem Topf in Butterschmalz dünsten.
3. Knoblauch schälen, hacken und zu den Süßkartoffeln geben. Mit Kurkuma würzen.
4. Mit Knochenbrühe ablöschen, Süßkartoffeln darin weich kochen. Petersilie hacken. Zitrone auspressen.
5. Gehackte Petersilie und Zitronensaft mit Olivenöl, Ahornsirup und Salz zu einem Dressing verrühren.
6. Süßkartoffeln pürieren. Pistazien abspülen und abtropfen lassen. Eier aufschlagen und in Butterschmalz anbraten. Spinat waschen.
7. Reis in die Schüsseln verteilen. Darauf Süßkartoffelpüree, Spiegeleier und Spinat anrichten. Dressing darüber gießen und die Bowl mit Pistazien garnieren.

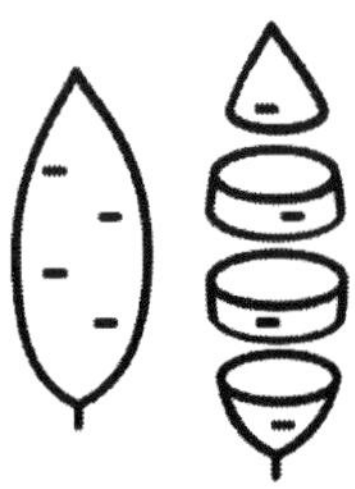

Platz für Ihre Notizen

Falafel Buddha Bowl

Dauer: 5 Minuten + 60 Minuten + 35 Minuten | Portionen: 4 Bowls

Zutaten:

- 300 g Kichererbsen
- 25 g Pistazien
- 1 Zitrone
- ½ Zwiebel
- 2 Knoblauchzehen
- 1 Bund Koriander
- 1 Bund Petersilie
- 1 Chili
- Salz
- 5 EL Kreuzkümmel
- 6 Möhren
- 1 Blumenkohl
- Pfeffer
- Kokosöl
- 120 g Rotkohl
- 2 EL Olivenöl
- 2 Esslöffel Tahini
- 1 TL Zitronensaft
- 1 TL Honig

Zubereitung:

1. Kichererbsen in der Früh einweichen.
2. Am Abend abspülen und kochen. Pistazien für den nächsten Tag einweichen. Zitrone auspressen und die Schale abreiben. Zwiebel und Knoblauchzehen schälen und Zwiebel in Viertelringe schneiden.
3. Koriander und Petersilie waschen und Blätter abzupfen. Chili halbieren, entkernen und klein schneiden.
4. Alle Zutaten mit 1 TL Kreuzkümmel, Pfeffer und Salz pürieren und kaltstellen.
5. Am nächsten Tag Backrohr auf 200 °C vorheizen. Möhren schälen und in Streifen schneiden. Blumenkohl waschen und in kleine Röschen teilen.
6. Beides mit 4 TL Kreuzkümmel und Kokosöl vermengen, auf einem Backblech verteilen und 30 Minuten backen.
7. Falafelmasse zu Talern formen und anbraten. Pistazien abspülen. Rotkohl in Streifen schneiden. Pistazien hacken. Restliche Zutaten zu einem Dressing verrühren und anrichten.

Platz für Ihre Notizen

Champignon-Cashew Buddha Bowl

Dauer: 5 Minuten + 30 Minuten | Portionen: 4 Bowls

Zutaten:

8. 65 g Cashewkerne
9. 100 g Petersilie
10. 2 Knoblauchzehen
11. 2 EL Limettensaft
12. 120 g Couscous
13. Salz, Pfeffer
14. Champignons
15. 1 EL Butterschmalz
16. 1 Grünkohl

Zubereitung:

1. Cashewkerne für drei Stunden einweichen.
2. Petersilie waschen und die Blätter abzupfen. Knoblauchzehen schälen. Limette auspressen. Couscous zubereiten.
3. Nach der Einweichzeit Cashewkerne abseihen und mit Petersilie, Knoblauch und Limettensaft pürieren. Salzen und pfeffern.
4. Champignons waschen und in dünne Scheiben schneiden. In Butterschmalz anbraten.
5. Grünkohl waschen, schneiden und kurz anbraten, bis er zusammenfällt.
6. Couscous auf die Schüsseln verteilen. Kohl und Pilze darauf anordnen und mit Chashew-Pesto garnieren.

Platz für Ihre Notizen

Vegane Quinoa-Letscho Bowl

Dauer: 5 Minuten + 35 Minuten | Portionen: 3 Bowls

Zutaten:

- 2 EL Sesamkörner
- 120 g Quinoa
- 1 Zwiebel
- 1 Aubergine
- 1 gelbe Paprika
- Kokosöl
- 3 Tomaten oder 15 Kirschtomaten
- Salz, Pfeffer, Chiliflocken
- 1 Jalapeno
- 2 TL Zitronensaft
- 1 TL Ahornsirup
- 3 EL Olivenöl
- 700 g Spinat

Zubereitung:

1. Sesamkörner einweichen.
2. Am nächsten Tag Quinoa einweichen. Zwiebel hacken. Aubergine und Paprika waschen und klein schneiden.
3. Kokosöl in Pfanne erwärmen. Zwiebel darin dünsten. Aubergine und Paprika dazu geben und miteinander anbraten.
4. Tomaten waschen und klein schneiden. Gemüsepfanne mit Tomatenstücken ablöschen. Mit Salz, Pfeffer und Chiliflocken würzen.
5. Quinoa abspülen, mit Wasser aufkochen. Hitze reduzieren und quellen lassen.
6. Jalapeno in Ringe schneiden. Sesamkörner abspülen und mit Zitronensaft, Ahornsirup und Olivenöl mixen. Bei Bedarf etwas Wasser hinzufügen.
7. Spinat waschen. Quinoa auf die Schüsseln verteilen. Darauf Letscho und Spinat anrichten, Jalapeno darüber streuen und die Bowl mit Sesamdressing garnieren.

Platz für Ihre Notizen

Frühlingsbowl mit Erdbeer-Dressing

Dauer: 2 Minuten + 30 Minuten | Portionen: 2 Bowls

Zutaten:

- 150 g Quinoa
- Salz
- 1 Möhre
- 150 g Kirschtomaten
- 50 g Blattsalat
- 125 g Erdbeeren
- 2 Thymianzweige
- 1 EL Zitronensaft
- 2 EL Olivenöl
- 1 TL Senf
- 1 TL Honig
- Pfeffer
- Chiliflocken

Zubereitung:

1. Quinoa eine halbe Stunde in reichlich Wasser einweichen. Danach abspülen und in Salzwasser bei mittlerer Hitze garen.
2. Möhre schälen und raspeln. Tomaten und Salat waschen. Tomaten halbieren und Salat in kleine Stücke zupfen.
3. Erdbeeren waschen und würfeln. Thymianzweige waschen und die Blätter abzupfen.
4. Zitrone auspressen. Saft mit Öl, Senf und Honig zu einer Marinade verrühren.
5. Erdbeeren mit der Marinade mischen und mit Salz, Pfeffer, Thymian und Chiliflocken würzen.
6. Quinoa in die Schüsseln verteilen. Möhren, Tomaten und Blattsalat anrichten und die Bowls mit Erdbeer-Dressing garnieren.

Platz für Ihre Notizen

Kichererbsen-Couscous Bowl

Dauer: 5 Minuten + 60 Minuten | Portionen: 4 Bowls

Zutaten:

- 450 ml Knochenbrühe
- ½ Zitrone
- 350 g Couscous
- 4 Tomaten
- 200 g Kichererbsen
- 2 Bund Petersilie
- 2 EL Weißweinessig
- Salz, Pfeffer

Zubereitung:

1. Kichererbsen einweichen und Knochenbrühe aufsetzen.
2. Am nächsten Tag Erbsen abspülen und in Wasser kochen. Knochenbrühe erneut aufkochen. Zitrone auspressen. Knochen aus der Brühe nehmen.
3. Couscous mit 2 EL Zitronensaft in die Knochenbrühe rühren. Herd abschalten und den Couscous zugedeckt quellen lassen.
4. Tomaten und Petersilie waschen. Tomaten klein schneiden und Petersilie hacken.
5. Kichererbsen abseihen und gemeinsam mit Tomaten, Petersilie und Essig in den Couscous rühren. Mit Salz, Pfeffer und Zitronensaft abschmecken. In die Bowls füllen.

Platz für Ihre Notizen

Couscous-Hähnchen Bowl

Dauer: 35 Minuten | Portionen: 4 Bowls

Zutaten:

- 600 ml Knochenbrühe
- 1 Zwiebel
- Butterschmalz
- 300 g Couscous
- 500 g Hähnchenfilets
- Salz, Pfeffer
- Petersilie
- 1 Chili
- 2 Avocados
- 50 g Oliven
- 1 EL Zitronensaft

Zubereitung:

1. Knochenbrühe aufsetzen.
2. Am nächsten Tag Zwiebel schälen, hacken und in Butterschmalz andünsten. Knochenbrühe sieben. Couscous zu den Zwiebeln geben und mit Knochenbrühe ablöschen. Bei niedriger Hitze quellen lassen.
3. Hähnchenfilets mit Salz und Pfeffer würzen. Butterschmalz in einer Pfanne erhitzen und Filets scharf anbraten.
4. Petersilie waschen. Vier Blätter abzupfen und auf die Seite legen. Restliche Petersilie hacken.
5. Chili waschen und in Ringe schneiden. Avocados schälen, entsteinen und klein schneiden.
6. Avocadostücke, gehackte Petersilie und Oliven mit Couscous vermischen. Mit Salz, Pfeffer und Zitronensaft abschmecken.
7. Couscous auf die Schalen aufteilen. Hähnchenfilets in Streifen schneiden und auf dem Couscous anrichten. Die Bowl mit Chiliringen und Petersilie garnieren.

Platz für Ihre Notizen

Kokos-Gemüse Bowl

Dauer: 6 x 5 Minuten + 30 Minuten | Portionen: 6 Bowls

Zutaten:

- 200 g Mungbohnen
- 200 ml Knochenbrühe
- 250 g Reis
- Salz
- 4 Frühlingszwiebeln
- 4 Möhren
- 300 g Zucchini
- 20 g Ingwer
- 2 Knoblauchzehen
- 1 Chili
- 2 EL Butterschmalz
- Pfeffer
- 2 EL Curry
- 200 ml Kokosmilch
- 1 Bund Korinander

Zubereitung:

1. Mungbohnen in einem Schraubglas einweichen. Zweimal täglich abseihen, abspülen und erneut mit Wasser ins Schraubglas füllen. Nach drei Tagen sind Mungbohnensprossen erntereif. Sie können abgespült und verwendet werden.
2. Knochenbrühe aufsetzen und Reis einweichen.
3. Am nächsten Tag Knochenbrühe erneut erwärmen. Reis abspülen und in Salzwasser kochen. Frühlingszwiebel waschen und in Ringe schneiden. Möhren und Zucchini waschen und in dünne Streifen schneiden.
4. Ingwer und Knoblauch schälen und hauchdünnschneiden. Chili waschen, halbieren, entkernen und hacken. Butterschmalz in Wok oder Pfanne erhitzen. Ingwer, Knoblauch und Chili anbraten.
5. Möhren hinzufügen und mitbraten. Anschließend Zucchini, Sprossen und Frühlingszwiebel hinzufügen und ebenfalls mitdünsten.
6. Knochenbrühe sieben. Wok mit Brühe und Kokosmilch ablöschen. Mit Salz, Pfeffer und Curry abschmecken und kurz köcheln lassen.
7. Koriander waschen und Blätter abzupfen. Reis und Gemüse auf die Schalen aufteilen. Mit Koriander garnieren.

Platz für Ihre Notizen

Kürbis Bowl mit Grünkohl

Dauer: 15 Minuten | Portionen: 1 Bowl

Zutaten:

- 100 g Couscous
- 3 Grünkohlblätter
- ¼ Kürbis
- 1 Hand voll Kirschtomaten
- Zitrone
- Essig
- Öl
- Salz, Pfeffer
- 1 TL Honig
- 1 Thymianzweig

Zubereitung:

1. Couscous mit heißem Wasser übergießen und quellen lassen.
2. Grünkohl waschen und in Streifen schneiden.
3. Kürbis gegebenenfalls schälen und in Scheiben schneiden.
4. Grünkohl und Kürbis dünsten. Tomaten waschen und in die Hälfte schneiden.
5. Couscous in die Schüssel füllen. Zitrone auspressen. Essig, Öl, Salz, Pfeffer, Honig und Zitronensaft zu einer Marinade verrühren.
6. Grünkohl, Kürbis und Tomaten auf dem Couscous anrichten. Marinade darüber gießen. Thymian waschen, Blättchen abzupfen und damit die Bowl garnieren.

Platz für Ihre Notizen

Super Bowls

Reis-Superfood Bowl

Dauer: 5 Minuten + 15 Minuten | Portionen: 2 Bowls

Zutaten:

- 1 Tasse Reis
- 2 EL Walnüsse
- ¼ Granatapfel
- 1 gelber Paprika
- 2 Möhren
- 200 g Rote Bete
- 1 Avocado
- 1 Hand voll Rucola

Zubereitung:

1. Reis und Walnüsse über Nacht einweichen.
2. Am nächsten Tag beides abseihen, unter fließendem Wasser abspülen und in Salzwasser kochen.
3. Granatapfel entkernen. Paprika waschen und in Stäbchen schneiden.
4. Möhre schälen und grob raspeln. Rote Bete dünsten. Möhren und Paprika blanchieren.
5. Avocado schälen, entsteinen und in Streifen schneiden. Rote Bete halbieren. Rucola waschen.
6. Alle Komponenten im Kreis anrichten und die Bowl mit Walnüssen und Granatapfelkernen garnieren.

Platz für Ihre Notizen

Quinoa Bowl mit Thunfisch

Dauer: 5 Minuten + 15 Minuten | Portionen: 2 Bowls

Zutaten:

- 120 g Quinoa
- 1 Rote Bete
- 500 ml Knochenbrühe
- 200 g Thunfisch
- 1 Avocado
- 6 Radieschen
- 125 g grüne Bohnen
- Salz, Pfeffer
- Olivenöl
- Essig

Zubereitung:

1. Knochenbrühe aufsetzen.
2. Mindestens zwei Stunden später oder am nächsten Tag den Quinoa in der Knochenbrühe kochen.
3. Rote Bete kochen. Grüne Bohnen waschen, putzen und blanchieren.
4. Rote Bete schälen und klein schneiden.
5. Avocado schälen, entsteinen und in Streifen schneiden. Radieschen waschen.
6. Quinoa als Unterlage in die Schalen verteilen. Darüber das Gemüse verteilen und den Thunfisch zu oberst anrichten.
7. Salzen, pfeffern und mit Olivenöl und Essig marinieren.

Platz für Ihre Notizen

Avocado Super Bowl mit selbstgemachter Gewürzmischung

Dauer: 40 Minuten | Portionen: 6 Bowls

Zutaten:

- 2 EL Salz
- 1 EL Paprikapulver
- 2 TL Pfeffer
- 2 TL Oregano
- 2 TL Kreuzkümmel
- 2 TL Knoblauchgranulat
- 1 TL Chilipulver
- 2 Möhren
- 350 g Brokkoli
- 200 g Rotkohl
- 340 g Quinoa
- 1 l Wasser
- 100 g Erbsen
- 1 Avocado
- Tabasco

Zubereitung:

1. Gewürze mörsern und in ein Schraubglas füllen. Möhren schälen und raspeln.
2. Brokkoli in Röschen teilen. Rotkohl in Streifen schneiden.
3. Quinoa mit Gemüse und 1 EL Gewürzmischung in 1 l Wasser aufkochen und 15 Minuten bei niedriger Hitze köcheln.
4. Erbsen hineinrühren und mit Salz und Pfeffer abschmecken.
5. Avocado schälen, entsteinen und in Streifen schneiden.
6. Quinoa auf Schalen aufteilen. Avocadostreifen darauf anrichten und mit Tabasco garnieren.

Platz für Ihre Notizen

Rainbow Super Bowl

Dauer: 5 Minuten + 70 Minuten | Portionen: 2 Bowls

Zutaten:

- 300 g Kichererbsen
- 2 EL Sesamkörner
- 100 g Kidneybohnen oder Schwarze Bohnen
- 1 Süßkartoffel
- 4 TL Kokosöl
- Majoran
- Salz, Pfeffer
- 2 Möhren
- 1 Hand voll Rucola
- 1 Knoblauchzehe
- Saft von 1 Limette
- 6 EL Olivenöl
- Kreuzkümmel
- 1 Avocado

Zubereitung:

1. Kichererbsen, Bohnen und Sesamkörner einweichen.
2. Am nächsten Tag Kichererbsen abspülen und kochen. Backröhre auf 200 °C vorheizen. Bohnen abspülen und kochen.
3. Süßkartoffel in Scheiben schneiden. Mit Kokosöl, Majoran, Salz und Pfeffer vermengen und auf einem Backblech 30 Minuten backen.
4. Möhren in Streifen schneiden. Rucola waschen. Kichererbsen abseihen und wieder in den Topf zurück leeren. Knoblauchzehe schälen und in den Topf dazugeben.
5. Limette auspressen und den Saft in den Topf gießen. Sesamkörner abspülen und mit dem Olivenöl hinzufügen. Masse mit Salz, Pfeffer und Kreuzkümmel würzen. Topfinhalt pürieren. Avocado halbieren und entsteinen. Bohnen abseihen.
6. Rucola als Unterlage in die Schüsseln füllen. Bohnen zentral anrichten. Am Rand der Bowl die Süßkartoffelscheiben aufreihen. Auf der anderen Seite Möhrenstreifen aufschichten. Halbe Avocado auf die Möhren betten und die Bowl in der Mitte mit Hummus garnieren.

Platz für Ihre Notizen

Ei-Quinoa Bowl

Dauer: 2 Minuten + 5 Minuten + 15 Minuten | Portionen: 1 Bowl

Zutaten:

- 100 g Kichererbsen
- 80 g Quinoa
- 1 Ei
- 200 g Rotkohl
- 1 Möhre
- Salz, Pfeffer, Kreuzkümmel, Knoblauch, Chilipulver
- Hanfsamen

Zubereitung:

1. Kichererbsen einweichen.
2. Am nächsten Tag die Erbsen abspülen und kochen. Inzwischen Quinoa eine halbe Stunde einweichen. Nach der Eiweichzeit abspülen und kochen.
3. Ei hart kochen. Rotkohl und Möhre waschen und in Streifen schneiden.
4. Essig, Öl und Gewürze zu einem Dressing verrühren. Das Ei abschrecken, schälen und in Scheiben schneiden.
5. Quinoa in die Schüssel füllen, Rotkohl, Möhre und Ei darauf anrichten. Mit Hanfsamen garnieren und Dressing über die Bowl gießen

Platz für Ihre Notizen

Reis Bowl mit Granatapfelkernen

Dauer: 5 Minuten + 30 Minuten | Portionen: 4 Bowls

Zutaten:

- 1 Tasse Reis
- 1 Hand voll Babyspinat
- 1 Salat
- 1 Avocado
- 1 Gurke
- 1 Papaya
- 1 Granatapfel
- Essig
- Olivenöl
- Salz, Pfeffer
- Sprossen
- Mais

Zubereitung:

1. Reis einweichen.
2. Am nächsten Tag den Reis abspülen und kochen.
3. Babyspinat und Salat waschen und klein zupfen.
4. Avocado, Gurke und Papaya schälen und klein würfeln.
5. Granatapfelkerne herauslösen. Aus Essig, Öl, Salz und Pfeffer eine Marinade bereiten.
6. Reis in die Schüsseln füllen. Salat und Babyspinat darauf anrichten. Avocado, Gurke und Papaya dazugeben. Granatapfelkerne, Sprossen und Mais über die Bowls streuen und die Marinade gleichmäßig verteilen.

Platz für Ihre Notizen

Deutsche Lunch Bowl

Dauer: 2 Minuten + 45 Minuten | Portionen: 2 Bowls

Zutaten:

- 110 g Linsen
- 230 g Knollensellerie
- 1 Zwiebel
- 15 g Butter
- 100 ml naturtrüber Apfelsaft
- Salz, Pfeffer
- 1 Möhre
- 3 Knoblauchzehen
- 80 g Rollgerste
- 50 g Crème fraiche
- 2 Petersilienzweige
- 50 g Wirsing
- 50 g Rotkohl
- 2 EL Balsamico Essig
- 2 EL Olivenöl
- Walnussöl

Zubereitung:

1. Linsen einweichen.
2. Am nächsten Tag Knollensellerie und Zwiebel schälen und würfeln. Butter erwärmen und beides darin anbraten. Mit Apfelsaft ablöschen. Salzen, pfeffern und 20 Minuten dünsten. Linsen abspülen und mit 250 ml Wasser in einen Topf leeren.
3. Möhre waschen, schälen und in große Stücke schneiden. Knoblauchzehen schälen. Möhren und Knoblauch zu den Linsen geben. 20 Minuten weich garen. Rollgerste in 300 ml Wasser kochen.
4. Sellerie mit Crème fraiche verrühren, pürieren und salzen. Petersilie waschen, Blätter abzupfen und hacken.
5. Wirsing und Rotkohl waschen und in Streifen schneiden. Eine Marinade aus Salz, Pfeffer, Petersilie, Balsamico Essig und Olivenöl bereiten und über den Kohl gießen.
6. Rollgerste abschrecken und mit Linsen vermengen. Mit Salz, Pfeffer und Walnussöl abschmecken und auf Schüsseln verteilen, Selleriecreme und Kohlsalat darauf anrichten.

Platz für Ihre Notizen

Lachs-Gemüse Bowl

Dauer: 2 Minuten + 40 Minuten | Portionen: 2 Bowls

Zutaten:

- 120 g Reis
- 3 Stangensellerie
- 2 Paprika
- 1 Zucchini
- 400 g geräucherter Wildlachs
- Salz, Pfeffer
- Butterschmalz
- 200 g Blattspinat
- 1 Avocado
- 75 g Kirschtomaten

Zubereitung:

1. Reis über Nacht einweichen.
2. Am nächsten Tag abspülen und in Salzwasser zubereiten.
3. Stangensellerie und Paprika waschen und schneiden. Zucchini in Scheiben schneiden. Lachs klein schneiden.
4. Gemüse mit Salz und Pfeffer würzen und in Butterschmalz anbraten.
5. Blattspinat blanchieren. Avocado schälen, entsteinen und in Streifen schneiden. Kirschtomaten waschen und halbieren.
6. Reis auf die Bowls aufteilen. Gemüse und Spinat darauf anrichten. Die Bowl mit Lachs, Avocado und Tomatenhälften garnieren.

Platz für Ihre Notizen

Kräuter-Quinoa Bowl

Dauer: 30 Minuten | Portionen: 2 Bowls

Zutaten:

- 125 g Quinoa
- 2 TL Kräutertee
- 200 g Kohlsprossen
- 280 g Champignons
- 3 Spitzpaprika
- ½ Zitrone
- 400 g Lachsfilets
- Butterschmalz
- Salz, Pfeffer
- Rucola
- Chia-Samen

Zubereitung:

1. Quinoa einweichen.
2. Am nächsten Tag Quinoa abspülen und in Salzwasser köcheln lassen. Dem Kochwasser den Tee in einem Tee-Ei beifügen.
3. Kohlsprossen waschen und den Strunk herausschneiden. Tee aus dem Kochwasser nehmen.
4. Champignons waschen und halbieren. Paprika waschen, entkernen und in Ringe schneiden.
5. Kohlsprossen blanchieren. Zitrone auspressen und Lachs mit dem Saft marinieren.
6. Butterschmalz erwärmen und Paprika und Champignons anbraten, salzen und pfeffern. Lachsfilets anbraten. Rucola waschen.
7. Quinoa in Schalen füllen. Pfannengemüse, Kohlsprossen und Lachs anrichten. Mit Rucola und Chia-Samen garnieren.

Platz für Ihre Notizen

Reis-Fleisch Bowl mit Käferbohnen

Dauer: 5 Minuten + 60 Minuten | Portionen: 2 Bowls

Zutaten:

- 180 g Reis
- 400 g Käferbohnen
- 1 Zwiebel
- 2 Hühnerfilets
- Kokosöl
- Salz, Pfeffer, Chilipulver
- 3 Tomaten
- 1 Paprika
- ½ Zitrone
- 1 Avocado
- Korianderkraut

Zubereitung:

1. Reis und Bohnen einweichen.
2. Beides am nächsten Tag abspülen und zubereiten. Backofen auf 180 °C vorheizen. Fleisch und Gemüse waschen. Zwiebel schälen.
3. Hühnerfilet mit Kokosöl, Salz, Pfeffer und Chili einreiben und auf ein Backblech legen.
4. Zwiebel und Tomaten in die Hälfte schneiden. Paprika entkernen und schneiden.
5. Gemüse salzen, pfeffern und mit Kokosöl auf einem Backblech verteilen und 25 Minuten backen.
6. Zitrone auspressen. Avocado schälen, entsteinen und zerdrücken. Mit Salz, Pfeffer und Zitronensaft würzen. Koriander waschen und Blätter abzupfen.
7. Reis in die Schüsseln füllen, Bohnen und Gemüse anrichten. Darauf die Hühnerfilets legen und zum Schluss mit Guacamole abrunden.

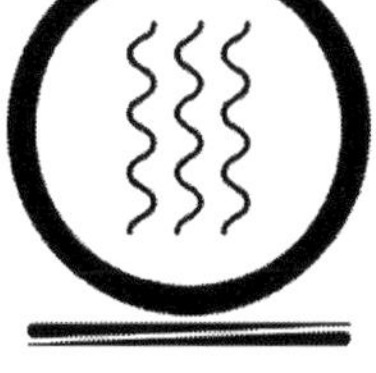

Platz für Ihre Notizen

Persische Super Bowl

Dauer: 2 Minuten + 105 Minuten | Portionen: 2 Bowls

Zutaten:

- 20 g Haselnüsse
- 1 Knoblauchzehe
- 10 g Ingwer
- 2 Bio Orangen
- 120 g Rotkohl
- 4 EL Palmöl
- 1 Messerspitze Zimt
- 20 ml Rotwein
- 1 TL Honig
- Salz
- 60 g Couscous
- 1 Bund Petersilie
- 1 Zweig Minze
- 2 EL Olivenöl
- 150 g Knollensellerie
- 1 Lauch
- Balsamico Essig
- Pfeffer
- 12 Rucolablätter

Zubereitung:

1. Haselnüsse über Nacht einweichen.
2. Backofen auf 150 °C vorheizen und Haselnüsse abspülen und abtropfen lassen. Knoblauchzehe und Ingwer schälen und hacken. Orangenschale abreiben und Orangen auspressen.
3. Rotkohl schneiden. Knoblauch in 3 EL Palmöl anbraten. Rotkohl, die Hälfte von Orangensaft und Abrieb der Schalen, Zimt, Rotwein, Honig sowie Ingwer beifügen und eine Stunde köcheln lassen.
4. Salzwasser aufkochen und Couscous damit übergießen. Quellen lassen. Petersilie und Minze waschen und hacken. Mit restlichem Abrieb, Orangensaft und Olivenöl dem Couscous unterrühren. Mit Salz würzen.
5. Knollensellerie schälen und klein schneiden. Mit Palmöl auf Backblech verteilen und backen. Nach 10 Minuten die Haselnüsse beifügen und mitbacken.
6. Salzwasser erhitzen. Lauch waschen und in Ringe schneiden. In Salzwasser blanchieren, abseihen und mit Essig, Salz und Pfeffer marinieren. Rotkohl pürieren. Nüsse hacken. Rucola waschen.
7. Rotkohlpüree auf die Schüsseln verteilen. Couscous als nächste Schicht aufhäufen und Ofensellerie darauf anrichten. Mittig in die Bowls wird der Lauchsalat geschichtet und mit Rucola garniert. Zuletzt Haselnüsse darüber streuen.

Platz für Ihre Notizen

Mediterrane Bowl

Dauer: 60 Minuten | Portionen: 2 Bowls

Zutaten:

- 120 g Kichererbsen
- 20 g Walnüsse
- 80 g ganzer Dinkel
- 150 g Rote Bete
- 2 Bio Zitronen
- 3 Knoblauchzehen
- 1 TL Tahin
- 2 EL Olivenöl
- Salz, Pfeffer
- 160 g Kürbis
- Kokosöl
- 1 Salbeizweig
- 10 g Feldsalat
- 1 TL Kürbiskernöl
- 2 EL Walnussöl
- 1 TL Chia-Samen

Zubereitung:

1. Kichererbsen, Walnüsse und Dinkelkörner einweichen und Rote Bete garen.
2. Am nächsten Tag Kichererbsen abspülen und kochen. Dinkel und Walnüsse abspülen und abtropfen lassen. Backofen auf 200 °C vorheizen. Eine Zitrone auspressen. Eine Knoblauchzehe mit Tahin, der Roten Bete, 2 EL Olivenöl, Salz und Pfeffer pürieren.
3. Dinkel in Salzwasser kochen. Walnüsse bei geringer Hitze vorsichtig rösten und auskühlen lassen. Kürbis waschen, halbieren, entkernen und in Scheiben schneiden. Salzen und mit Kokosöl auf einem Backblech verteilen und rösten.
4. Walnüsse hacken. Salbei waschen und mit restlichen Knoblauchzehen hacken. Zitrone waschen, halbieren und von einer Hälfte die Schale abreiben.
5. Den Abrieb mit Salbei und Knoblauch vermengen. Kürbis mit der Masse verrühren.
6. Feldsalat waschen und mit Kürbiskernöl marinieren. Dinkel abseihen und mit Walnüssen vermengen. Salzen und mit Walnussöl abschmecken.
7. Rote Bete Püree als Basis in die Schalen füllen. Dinkel, Kichererbsen und Ofengemüse darauf anrichten. Zu Oberst den Feldsalat platzieren und die Bowl mit Chia-Samen garnieren.

Platz für Ihre Notizen

Kalifornische Bowl

Dauer: 2 Minuten + 45 Minuten | Portionen: 2 Bowls

Zutaten:

- 1 Avocado
- 1 Limette
- 1 Basilikumzweig
- 60 ml Milch
- 3 EL Olivenöl
- 1 TL Tabasco
- Salz
- 80 g Quinoa
- 1 Zweig Minze
- 100 g Blumenkohl
- 2 EL Palmöl
- 1 TL Sesam
- 60 g Karotten
- 12 g Cashews
- 2 EL Balsamico Essig
- 5 Korianderzweige

Zubereitung:

1. Cashews über Nacht einweichen. Am nächsten Tag abspülen und abtropfen lassen.
2. Quinoa für eine halbe Stunde einweichen. Backofen auf 220 °C vorheizen. Avocado schälen und entsteinen. Schale der Limette abreiben, Frucht halbieren und auspressen. Basilikum waschen und Blätter abzupfen. Avocado, Hälfte des Limettensaftes, 5 Basilikumblätter, Milch, Tabasco, Olivenöl und Salz pürieren. Quinoa abspülen und in frischem Salzwasser kochen.
3. Blumenkohl waschen und in Röschen teilen. Mit Palmöl auf ein Backblech geben und in den Ofen schieben. Sobald der Blumenkohl beginnt Farbe zu bekommen, die Cashews dazugeben und einige Minuten mitrösten.
4. Möhren waschen, raspeln und mit Salz, Essig, Olivenöl und dem restlichen Abrieb marinieren. Minze waschen und hacken. Koriander waschen und Blätter abzupfen.
5. Quinoa abseihen und mit der Hälfte des Abriebes, Salz, Olivenöl und Minze würzen.
6. Cashews hacken und mit Korianderblättern vermengen. Quinoa auf die Bowls verteilen. Blumenkohl und Möhrensalat darauf anrichten. Guacamole dazugeben und mit Cashewkernen bestreuen.

Platz für Ihre Notizen

Poke Bowl mit Wassermelone

Dauer: 30 Minuten + 30 Minuten | Portionen: 4 Bowls

Zutaten:

- 1 Blatt Nori-Alge
- 500 g Wassermelone
- 3 TL Salz
- 4 EL Kokosöl
- 8 EL Apfelesseig
- 150 g Reis
- 4 TL Sesam ungeschält
- 2 Möhren
- 2 Avocados
- 1 Hand voll frischer Erbsen
- 8 Chinakohlblätter
- 8 Blattsalatblätter
- 4 EL Traubenkernöl
- ½ Gurke

Zubereitung:

1. Backofen auf 200 °C vorheizen. Nori-Algen fein schneiden.
2. Melone schälen und in Stücke schneiden. Mit 2 TL Salz und Kokosöl in eine Auflaufform geben und 30 Minuten backen. Danach 4 EL Essig hineinmischen und im Ofen 30 Minuten darin dünsten. Anschließend mit Nori-Algen vermischen und über Nacht in den Kühlschrank stellen. Reis und Sesam einweichen.
3. Am nächsten Tag Saaten abspülen und Reis kochen. Sesam abtropfen lassen.
4. Möhren schälen und raspeln. Avocado schälen, entsteinen und in Scheiben schneiden. Erbsen kurz dämpfen. Chinakohl und Salatblätter waschen. Chinakohl schneiden, Blattsalat zupfen. Eine Marinade aus Traubenkernöl, Apfelessig und Salz bereiten. Gurke waschen und in Scheiben schneiden
5. Reis in die Bowls füllen. Wassermelone, Möhren, Avocadoscheiben, Chinakohl, Salat, Erbsen und Gurkenscheiben anrichten. Mit Marinade verfeinern und Sesam darüber streuen.

Salat Bowls

Winterliche Salat Bowl

Dauer: 30 Minuten | Portionen: 2 Bowls

Zutaten:

- 1 Feta
- ½ Blätterteig
- 1 Hand voll Postelein
- 1 römischer Salat
- 1 eingelegte Rote Bete
- 1 Hand voll Shiitake Pilze
- 1 EL Kokosöl
- Salz, Pfeffer
- 1 Tomate
- 3 EL Olivenöl
- 1 TL Dijonsenf
- Saft einer ½ Zitrone
- Weißweinessig

Zubereitung:

1. Backofen auf 180° vorheizen. Feta würfeln und Blätterteig in Rechtecke schneiden. Die Hälfte des Feta in Blätterteig einrollen.
2. Auf mit Backpapier ausgelegtem Backblech geben und 12 Minuten goldbraun backen.
3. Salat waschen, schneiden und in den Bowls gegenüber voneinander anrichten. Rote Bete klein schneiden.
4. Pilze in Kokosöl anbraten und mit Salz und Pfeffer abschmecken. Tomate klein schneiden und mit Feta vermengen. Rote Bete, Pilze und Tomatensalat in der Schale anordnen.
5. Olivenöl, Essig, Zitronensaft und Dijonsenf vermengen, salzen, pfeffern und über die Bowl gießen.
6. Zuletzt die Blätterteigtaschen darüber legen.

Platz für Ihre Notizen

Zucchini-Avocado Bowl

Dauer: 6 Stunden | Portionen: 2 Bowls

Zutaten:

- Tomaten
- Salz
- Reiskörner
- 25 g Pinienkerne
- 2 Zucchini
- 200 g Cocktailtomaten
- 1 Avocado
- 2 EL Limettensaft
- 1 Chili
- Pfeffer

Zubereitung:

1. Backrohr auf 90°C vorheizen. Tomaten waschen und halbieren. Mit Backpapier ausgelegtes Blech großzügig mit Salz bestreuen und die Tomaten mit der Schnittfläche nach oben auflegen. Auf mittlerer Schiene trocknen. Dabei die Backofentür einen Spalt offen lassen. Der Prozess dauert ungefähr sechs Stunden. Ausgekühlte Tomaten in Schraubgläsern mit einigen rohen Reiskörnern lagern.
2. Pinienkerne vier Stunden einweichen. Zucchini in möglichst feine Streifen schneiden und 100 g getrocknete Tomaten klein schneiden. Cocktailtomaten waschen und in die Hälfte schneiden.
3. Zucchini blanchieren. Avocado schälen, entkernen und die eine Hälfte des Fruchtfleisches in Würfeln schneiden. Mit einem EL Limettensaft übergießen.
4. Die andere Hälfte der Avocado mit restlichem Limettensaft pürieren.
5. Chili waschen, halbieren, entkernen und untermischen. Masse salzen und pfeffern.
6. Pinienkerne abspülen, abtrocknen und bei niedriger Hitze vorsichtig rösten.
7. Zucchinistreifen auf die Bowls verteilen. Avocadocreme, Avocadostücke, Tomaten und Pinienkerne zum Garnieren verwenden.

Platz für Ihre Notizen

Tomaten-Frischkäse Bowl

Dauer: 40 Minuten | Portionen: 4 Bowls

Zutaten:

- 1 l Frischmilch
- etwas Essig oder Saft einer Zitrone
- 500 g gelbe und rote Tomaten
- 1 Zwiebel
- 1 Knoblauchzehe
- Basilikum
- 3 EL Olivenöl
- Salz, Pfeffer
- 1 Bund Rucola

Zubereitung:

1. Milch erwärmen und Essig oder Zitronensaft beifügen. Unaufhörlich rühren bis die Milch ausflockt und sich die Molke gelblich verfärbt.
2. Durch ein Tuch abseihen, salzen und auskühlen lassen. Tomaten waschen und klein schneiden. Werden Kirschtomaten verwendet, diese halbieren.
3. Zwiebel schälen und in Halbringe schneiden. Knoblauch schälen und hacken.
4. Basilikum waschen und hacken. Alle Zutaten mit Olivenöl vermengen, salzen und pfeffern.
5. Rucola waschen. Frischkäse auf die Bowls aufteilen. Darauf Rucola und Tomatensalat anrichten.

Platz für Ihre Notizen

Mango-Salat Bowl mit Erdnussdressing

Dauer: 5 Minuten + 40 Minuten | Portionen: 4 Bowls

Zutaten:

- 230 g Erdnüsse
- Kürbiskerne
- 1 Tasse Quinoa
- 1 Salat
- Babyspinat
- Salz
- 3 EL Palmöl
- 1 Mango
- 1 Avocado
- Essig
- Öl
- Pfeffer
- Sprossen

Zubereitung:

1. Erdnüsse und Kürbiskerne über Nacht einweichen.
2. Quinoa für eine halbe Stunde einweichen. Erdnüsse und Kürbiskerne abspülen und abtropfen lassen. Salat und Babyspinat waschen und klein zupfen.
3. Ohne Fett bei geringer Hitze rösten. Mit einer Prise Salz und Palmöl mixen. Quinoa abspülen und kochen.
4. Mango und Avocado schälen, entsteinen und klein schneiden. Erdnussbutter mit Öl, Essig, Salz und Pfeffer zu einer Marinade verrühren.
5. Quinoa in die Schüsseln füllen. Salat und Babyspinat an zwei Seiten der Bowl anrichten. Dazwischen Mango und Avocado einfüllen, mit Kürbiskernen und Sprossen garnieren und mit Dressing übergießen.

Platz für Ihre Notizen

Bunte Gemüse Bowl

Dauer: 30 Minuten | Portionen: 4 Bowls

Zutaten:

- 1 Blumenkohl
- 1 Brokkoli
- 2 Möhren
- 1 Kohlrabi
- Salz, Pfeffer
- 2 Handvoll Pflücksalat
- 4 Radieschen
- 1 Avocado
- 1 Zitrone
- 1 EL Kürbiskernöl
- 1 Handvoll Kresse

Zubereitung:

1. Backofen auf 200 °C vorheizen.
2. Blumenkohl und Brokkoli waschen und in kleine Röschen teilen. Möhren schälen und in Streifen schneiden. Kohlrabi würfeln.
3. Gemüse auf einem Backblech verteilen, mit Salz und Pfeffer würzen und im Rohr goldbraun backen. Salat und Radieschen waschen. Salat klein zupfen und Radieschen in Scheiben schneiden.
4. Avocado schälen, entsteinen und zerdrücken. Zitrone auspressen und mit Kürbiskernöl und Avocado vermischen. Mit Salz und Pfeffer abschmecken.
5. Ofengemüse in die Schalen füllen. Salat und Radieschen darauf anrichten. Mit Avocado Dip verfeinern und mit Kresse garnieren.

Platz für Ihre Notizen

Hähnchen Salat Bowl

Dauer: 30 Minuten | Portionen: 2 Bowls

Zutaten:

- 4 Hähnchenfilets
- Salz, Pfeffer
- Butterschmalz
- 1 Granatapfel
- 2 Avocados
- 1 Limette
- 500 g Blattsalat
- 250 g Kirschtomaten
- Olivenöl
- Essig
- Senf
- 1 Bund Rucola

Zubereitung:

1. Hähnchenfilets salzen, pfeffern und in Butterschmalz anbraten.
2. Granatapfelkerne auslösen. Avocado halbieren, entsteinen und schälen.
3. Limette auspressen. Avocado in Scheiben schneiden und mit Limettensaft beträufeln. Filets in Streifen schneiden.
4. Salat und Tomaten waschen. Kirschtomaten in die Hälfte schneiden.
5. Aus Olivenöl, Essig, Senf, Salz und Pfeffer eine Marinade bereiten und den Blattsalat damit vermischen. Rucola waschen.
6. Salat auf die Bowls verteilen. Hähnchenstreifen, Avocado und Kirschtomaten darauf anrichten. Granatapfelkerne darüber streuen.

Platz für Ihre Notizen

Kartoffelsalat Bowl mit grünen Bohnen

Dauer: 2 Minuten + 30 Minuten | Portionen: 2 Bowls

Zutaten:

- 100 ml Knochenbrühe
- 1 kg Kartoffeln
- 85 g grüne Bohnen
- 80 g Radieschen
- 1 Hand voll Dill
- 2 Schalotten
- 2 Knoblauchzehen
- 6 EL Rotweinessig
- 1 TL Ahornsirup
- 2 EL Senf
- 5 EL Traubenkernöl
- Borretschblüten, Schlüsselblumen, Vergissmeinnicht, Magnolien, Rosen, Lavendel

Zubereitung:

1. Knochenbrühe am Vortag aufsetzen.
2. Am nächsten Tag Brühe erneut erwärmen. Kartoffeln kochen. Bohnen waschen, putzen, halbieren und mit einem Siebaufsatz über den Kartoffeln dämpfen.
3. Radieschen waschen und in Scheiben schneiden. Dill waschen und hacken.
4. Schalotten und Knoblauch schälen und hacken.
5. Für die Marinade Brühe sieben und in einem kleinen Topf zwei Suppenschöpfer voll Knochenbrühe mit Essig, Schalotten, Knoblauch, Ahornsirup und Senf köcheln. Danach mit Traubenkernöl vermischen.
6. Kartoffeln und Bohnen abseihen und kalt abspülen. Kartoffeln in Stücke schneiden.
7. Kartoffeln, Bohnen, Radieschen, Dill und Marinade vermengen und auf die Schüsseln verteilen. Mit essbaren Blüten dekorieren.

Platz für Ihre Notizen

Smoothie Bowls

Grüne Smoothie Bowl mit Matcha

Dauer: 5 Minuten + 15 Minuten | Portionen: zwei Bowls

Zutaten:

- 100 g Mandeln
- 250 ml Wasser
- Zimt, Kardamom, Anis
- 2 Mangoldblätter
- 1 Hand voll Feldsalat
- 2 reife Bananen
- 2 EL Chiasamen
- ½ EL Flohsamenschalen
- ½ TL Matcha
- 100 ml Kokoswasser
- 1 EL gepuffter Amaranth
- 2 EL Kokosraspeln
- 1 TL getrocknete Waldbeeren

Zubereitung:

1. Mandeln über Nacht in Wasser bei Raumtemperatur einweichen.
2. Am nächsten Tag Mandeln abseihen, unter fließendem Wasser abspülen und fein mixen. Mandelmus mit einem halben Liter Wasser aufgießen, mit Zimt, Kardamom und Anis würzen und erneut durchmixen.
3. Mandelmilch durch ein Tuch sieben. Mangold und Feldsalat waschen.
4. Grünes Blattgemüse gemeinsam mit selbstgemachter Mandelmilch, Bananen, Chia-Samen, Flohsamenschalen, Matcha und Kokoswasser pürieren
5. Grünen Smoothie in Schalen füllen und mit Kokosraspeln, getrockneten Beeren und Puffamaranth garnieren.

Platz für Ihre Notizen

Tropical Smoothie Bowl

Dauer: 25 Minuten | Portionen: zwei Bowls

Zutaten:

- 50 g Spinat
- 3 Datteln
- 2 Bananen
- 250 g Ananas
- ½ Avocado
- 100 g Kokosnussfruchtfleisch
- 1 Kiwi
- 180 ml selbstgemachte Mandelmilch

Zubereitung:

1. Das Fruchtfleisch der Kokosnuss raspeln. Mandelmilch erwärmen und mit der Hälfte der Kokosraspeln in einen Mixer füllen. 5 – 10 Minuten quellen lassen.
2. Spinat waschen. Avocado und Datteln entsteinen. Ananas und eine der Bananen schälen.
3. Avocado, Datteln, Ananas und die Banane klein schneiden. Kokos-Mandel-Milch mixen und durch ein Tuch pressen.
4. Die Kokosraspeln aus dem Tuch gemeinsam mit dem Obst und dem Spinat pürieren. Kokos-Mandel-Milch unterrühren.
5. Die zweite Banane und die Kiwi schälen und beides in Scheiben schneiden.
6. Den tropischen Smoothie auf zwei Schüsseln aufteilen und mit den restlichen Kokosraspeln, Bananen- und Kiwischeiben in Streifen garnieren.

Platz für Ihre Notizen

Sommerliche Beeren-Smoothie Bowl

Dauer: 30 Minuten | Portionen: 2 Bowls

Zutaten:

- 1 Banane
- 250 g Beeren
- 400 ml selbstgemachte Mandelmilch
- 100 g Mango
- 1 Drachenfrucht
- 2 TL Chiasamen
- 2 EL Kakaobohnen
- 2 TL selbstgemachte Kokoschips

Zubereitung:

1. Kakaobohnen in Wasser einweichen.
2. Beeren waschen, Banane schälen und mit der Mandelmilch mixen.
3. Kakaobohnen abseihen und mit scharfem Messer einschneiden. Schale abziehen. Bohnen in ein Geschirrtuch einschlagen und mit einem Fleischklopfer zerbrechen.
4. Mango und Drachenfrucht schälen und das Fruchtfleisch klein schneiden.
5. Den Smoothie in die Bowls gießen. Kokoschips in der Mitte der Schale anordnen. Rundherum mit Kakaonibs garnieren und am Rand abwechselnd Mango- und Drachenfruchtstücke als Verzierung platzieren. Chiasamen darüber streuen.

Platz für Ihre Notizen

Himbeer-Kokos Smoothie Bowl

Dauer: 15 Minuten | Portionen: 1 Bowl

Zutaten:

- 1 L Milch
- Lab
- selbstgemachte Kokoschips
- 2 Hände voll Himbeeren
- 1 Banane
- 1 EL Honig
- 2 EL Leinsamen
- 2 EL selbstgemachtes Granola
- 80 ml Wasser

Zubereitung:

1. Milch in ein Gefäß füllen, mit einigen Tropfen Lab vermischen und bei Raumtemperatur stehen lassen.
2. Drei Tage später mit einem Messer waagrecht und senkrecht mehrmals durchschneiden, sodass Säulen entstehen. Kurz setzen lassen und durch ein Tuch abseihen. Den Quark über Nacht im Tuch aufhängen, so dass die ganze Molke abfließen kann.
3. Am nächsten Tag Banane schälen und die Hälfte davon in Stücke brechen.
4. Gemeinsam mit der Hälfte der Himbeeren, Quark und Wasser fein pürieren.
5. Anschließend den Smoothie in eine Schale füllen. Die restliche Banane in Scheiben schneiden und mit den restlichen Himbeeren, Kokoschips, einem Tupfer Honig, Leinsamen und Granola zum Garnieren verwenden.

Platz für Ihre Notizen

Buchweizen-Himbeeren Smoothie Bowl

Dauer: 2 Minuten + 15 Minuten | Portionen: 2 Bowls

Zutaten:

- ½ Zitrone
- 100 g Buchweizen
- Hafer
- 275 g Himbeeren
- 3 TL Ahornsirup
- 1 Banane
- 1 Messerspitze Kardamom
- ½ TL Vanillepulver

Zubereitung:

1. Zitrone auspressen. Buchweizen in Wasser mit 2 EL Zitronensaft einweichen. Hafer ebenfalls einweichen.
2. Am nächsten Tag beides abspülen und abtropfen lassen.
3. Hafer mit der vierfachen Menge Wasser 3 – 5 Minuten lang mixen und anschließend durch ein Tuch pressen.
4. Himbeeren waschen und mit Ahornsirup pürieren.
5. Banane schälen und in Stücke brechen. Buchweizen mit 120 ml Hafermilch, Banane, Kardamom, Vanille und restlichem Zitronensaft pürieren.
6. Die Hälfte der Buchweizenmasse in die Schüsseln verteilen. Himbeermus darüber gießen und die restliche Masse in die Schüsseln füllen.

Platz für Ihre Notizen

Mango Lassi Bowl mit selbstgemachtem Joghurt

Dauer: 15 Minuten + 10 Minuten | Portionen: 2 Bowls

Zutaten:

- 2 EL Joghurt
- 1 L Frischmilch
- 1 Mango
- 400 ml Wasser
- 1 TL Vanille
- 2 TL Chiasamen
- 100 g Heidelbeeren

Zubereitung:

1. Das Ablaufdatum des Joghurts muss noch mindestens 14 Tage entfernt sein. Joghurt in die Milch rühren und auf 30 °C erwärmen. Für acht Stunden im Backofen auf dieser Temperatur halten. Danach abkühlen lassen.
2. Mango schälen, entsteinen und grob schneiden.
3. Anschließend mit Joghurt, Wasser und Vanille pürieren.
4. Smoothie in Schalen füllen. Heidelbeeren waschen und die Bowl damit garnieren. Zum Schluss die Chia-Samen darüber streuen.

Platz für Ihre Notizen

Grüner Engel Bowl

Dauer: 2 Minuten + 15 Minuten | Portionen: 1 Bowl

Zutaten:

- 1 Apfel
- 1 Hand voll Spinat
- 1 Birne
- 4 EL Basilikumblätter
- 1 Banane
- 1 Kiwi
- 1 Limette
- 1 EL Goji Beeren
- 1 EL Mandeln
- ¼ Mango
- 2 EL selbstgemachtes Granola

Zubereitung:

1. Mandeln einweichen.
2. Am nächsten Tag die Mandeln abseihen und abtropfen lassen. Apfel und Birne waschen und grob zerkleinern. Spinat und Basilikum waschen.
3. Banane schälen und in Stücke brechen. Kiwi schälen und schneiden. Limette auspressen. Obst mit Spinat, Basilikum und 1 EL Limettensaft pürieren.
4. Mandeln hacken. Mango schälen, entsteinen und würfeln.
5. Smoothie in Schüssel füllen und mit Beeren, Mandeln, Mangostücken und Granola verzieren.

Platz für Ihre Notizen

Haftungsausschluss

Dieses Buch enthält Meinungen und Ideen der Autorin und beabsichtigt den Lesern informatives und hilfreiches Wissen mit einem Unterhaltungscharakter zu vermitteln. Die enthaltenen Anleitungen und Strategien passen möglicherweise nicht zu jedem Leser, und es gibt keine Garantie dafür, dass sie auch wirklich bei jedem funktionieren. Die Benutzung dieses Buchs und die Umsetzung der darin ausgearbeiteten Informationen / Rezepte erfolgt ausdrücklich in eigener Verantwortung und Risiko. Das Werk, inklusive aller Inhalte, gewährt keine Gewähr oder Garantie für Korrektheit, Vollständigkeit, Qualität oder Aktualität der zur Verfügung gestellten Informationen. Fehlinformationen und Druckfehler sind nicht vollständig auszuschließen.

Impressum

Pia Azusa in Vertretung von:

Nisam Elias

Gorkistraße 15

13057 Berlin

Deutschland

Mail:

publisherself@gmail.com

Covergestaltung /-konzept:

oliviaprodesign | fiverr.com

Coverbilder:

|Shutterstock.com

Abbildungsverzeichnis

Introduction:
https://thenounproject.com/search/?q=introduction&i=225918
Frühstück Bowls
https://thenounproject.com/term/hot-food/1644526/
Couscous-Apfel Bowl
https://thenounproject.com/term/porridge/1108740/
Kakao Bowl mit Kokos
https://thenounproject.com/term/cocoa/1647816/
Himbeer-Mandel Bowl mit selbstgemachtem Granola
https://thenounproject.com/term/raspberry/568416/
Früchte-Joghurt Bowl
https://thenounproject.com/term/muesli/1505906/
Gelbe Frühstücks-Bowl
https://thenounproject.com/term/cereal/1046525/
Pikante Frühstücks-Bowl
https://thenounproject.com/search/?q=Spicy%20Breakfast%20Bowl
https://thenounproject.com/term/soup/1182531/
Süßkartoffel Bowl mit Kichererbsen
https://thenounproject.com/term/sweet-potato/1238523/
Grüne Reis Salsa Bowl
https://thenounproject.com/term/rice/1322347/
Kurkuma-Süßkartoffel Bowl
https://thenounproject.com/term/sweet-potato/1144160/
Falafel Buddha Bowl
https://thenounproject.com/term/falafel/148070/
Champignon-Cashew Buddha Bowl
https://thenounproject.com/term/cashew/1644867/
Vegane Quinoa-Letscho Bowl
https://thenounproject.com/term/quinoa/921955/
Frühlingsbowl mit Erdbeer-Dressing
https://thenounproject.com/term/strawberry/1324897/
Kichererbsen-Couscous Bowl
https://thenounproject.com/term/hummus/13885/
Couscous-Hähnchen Bowl
https://thenounproject.com/term/chicken/643713/

Kokos-Gemüse Bowl
https://thenounproject.com/term/vegetarian-soup/1108760/
Kürbis Bowl mit Grünkohl
https://thenounproject.com/term/kale/1824773/

Reis-Superfood Bowl
https://thenounproject.com/term/travel/1062660/
Quinoa Bowl mit Thunfisch
https://thenounproject.com/search/?q=dinner%20bowl
Avocado Super Bowl mit selbstgemachter Gewürzmischung
https://thenounproject.com/term/food/19456/
Rainbow Super Bowl
https://thenounproject.com/term/rice/17929/
https://thenounproject.com/term/noodles/88863/
https://thenounproject.com/term/dinner/834164/

Salat
https://thenounproject.com/term/salad/1842572/
https://thenounproject.com/term/salad/1700716/
https://thenounproject.com/term/salad/1394542/
https://thenounproject.com/term/salad/1700720/
https://thenounproject.com/term/salad/1759956/
https://thenounproject.com/term/salad/1651322/
https://thenounproject.com/term/salad/1700720/

Smoothie Bowls

https://thenounproject.com/term/smoothie/1701214/
https://thenounproject.com/term/smoothie/23775/
https://thenounproject.com/term/smoothie/1695465/
https://thenounproject.com/term/smoothie/1695476/
https://thenounproject.com/term/smoothie/339626/
https://thenounproject.com/term/smoothie/1281371/
https://thenounproject.com/term/smoothie/164001/

29617239R00070

Printed in Poland
by Amazon Fulfillment
Poland Sp. z o.o., Wrocław